人生はドラマだ

石井郁男

水曜社

序章　夢物語とは何か

最近、毎晩のように「夢」を見ているが、それは私自身の「人生のドラマ」である。
姿を現すのは、父親であり、母親である。
その他、叔父、祖母、伯父も、さらに多くの友人たちが次々と夢の中に出てくる。
その都度、うっかり者で〈早とちり〉の私が、姿を変えて現れてくる。
冒険大好きで、いつも失敗している。
「夢物語」であるが、すべて嘘、偽りのない事実である。
英国の詩人バイロンの「事実は小説より奇なり」という言葉がある。

世の中の実際の出来事は、虚構である小説よりも不思議で面白い。『人生はドラマだ』は、嘘・偽りのない失敗・反省の、私自身の体験談である。

ギリシャの哲学者アリストテレスは「人間の本質は、好奇心である」と、語っている。私も幼児の頃から、不思議な事に興味があった。

遊びが大好きで「遊ぼう！　遊ぼう！」と、皆に声をかけていた。トランプ、花札、百人一首、ゲームなど、何でもよかった。勝てば喜んだが、負けても嬉しかった。紙で作った相撲取り二つを対戦させ、床を叩いて遊ぶこともしていた。

自分一人で静かにするなど、大嫌いだった。それが私の生まれつきの個性である。

学校に入ってからも、社会人になっても、いつも変わらず遊びが大好きである。

いつも、何かに挑戦している。成功する、失敗する、どちらでもよい。冒険の世界に飛び込んで動き出している。

失敗すれば反省し、やり直せばよい。その体験は、すべて役に立っている。

横から見れば、それは下手な役者のドタバタ劇かもしれない。

私は常に〈早とちり〉で、考える前に動き出している。

私はボールが転がると、直ぐ追いかける猫に似ている。ただし、失敗した後で、「なぜ、失敗したのか？」と考えるから、私は猫より優れているかもしれない。

私は、アメリカの哲学者デューイが推奨する〈試行錯誤〉の実行者である。

これから私自身の『人生はドラマだ』の幕を開けることにする。

目次

第一章　幼少年時代の夢物語

一節　優しかった父親の想い出

明日は、家族そろっての桜の花見の日である。

お祖母ちゃんがゆで卵に糸を巻いて引っ張った。すると、ゆで卵はコロコロと転がった。

「不思議だな、面白いな」と思って見ていた。

その日の夜、僕は荒縄に巻かれ引き裂かれた。血も出ないし、痛くもなかった。

「ああ、夢だったのだ」と思ってホッとしたのを良く覚えている。

桜の花見の日である。チビの僕は父親の後ろを、よちよち歩いていた。

父の腰に不思議な物が、ぶら下がっていた。

「何だろう?」と思っていたが、それは酒が入った瓢箪だった。

紙芝居を見た時、鬼がお椀に溢れる火を食べていた。

驚いた僕は、父に「鬼が〈火の飯〉を食っていたよ!」と叫んだ。

「鬼は人間ではないからな」が、父の答えだった。

ある日、父から声を掛けられた。

「おい、髪を摘んでやろう」

「小遣いくれんと、嫌だ!」

「おお、よしよし、小遣いやるから摘ましてくれ」

当時、何人も弟子がいた理髪店主人の父親に、小遣いをもらったのである。

もらった小遣いを握って、僕はお菓子屋の小母さんの店に走った。

ある日のこと、遊びに行きたくなって、僕は家を飛び出した。

途端に、自転車に撥ねられた僕は「ワーン! ワーン!」と泣き出した。

性である。〈慌て者〉の僕である。このような〈早とちり〉が、私の生まれつきの個性である。

優しかった父が亡くなった。その夜、お母さんは父の身体をきれいに拭っていた。僕もその横にいた。

その翌日、黒の喪服を着た小母さんたちが4～5人集まっていた。

その姿を見ながら、僕は二階に上がる階段を昇ったり降ったりしていた。

「この子は、お父さんが亡くなったのを知らないのよ！　可哀想に！」と言われた。

父が亡くなった事が何なのか、幼稚な僕には解らなかった。

祖父から「近代的な散髪業を学べ！」と言われて、父・石井正敏は東京で学んだ。

帰郷後、小倉市室町103番地で「ハイカラな理髪業」が始まった。

「若松・下関からもお客さんが来る北九州で最高の床屋さん」と祖母が

言っていた。

しかし、残念だったのは父の東京土産が〈結核菌〉だったことである。

優しかった父・正敏が亡くなったのは、35歳であった。

4歳の僕は何も知らない子、親不孝な息子である。

二節　厳しく優しかった母親

3歳の頃、家族そろっての夕食時間、僕は生意気に脚を投げ出して食べていた。

「ダメです。きちんと座りなさい！」

「だって、お兄ちゃんも同じだよ！」

「ダメです！　お兄ちゃんは脚を怪我しているのです。真似してはダメです！」

お母さんに厳しく叱られた。

父の弟子で修業しているお兄ちゃんの真似をした僕は、〈慌て者〉である。

「父の遺産2、000円で建坪100坪・二階50坪の家が建てられた」と教えられた。

当時、小倉市竪林町の土地は草だらけの野原で、土地代が安かったそうだ。母・フジ子がこの新築の家で、下宿屋を始めたのである。

僕は小倉市の清水小学校に入学した。

小学校二年生の時、宿題が面倒くさくなって、針仕事で着物の繕いをしていたお母さんに頼んだ。

「お母さん、教えてよ！」

「ダメです。お母さんは泣きながらでもやりましたよ。〈為して成らざるなし〉と言うでしょう！　自分でやりなさい！」

「泣きながら」に驚いた僕は、座り直した。

すると難しかった宿題が変身した。あっという間に、簡単に宿題ができた。

喜んだ僕は、友達の家へ走っていった。

これは、大人になっても、その後の人生すべてに活きている教訓である。

「やるしかない！」と決意し、後は方法・対策を考え、実行するだけだ。

〝結果よければ、すべてよし〟である。


毎年、8月8日にお坊主さんが来られていた。この日は、必ず美味しい御萩餅である。

「毎年、僕の誕生日に御萩餅、有難う！」

「違います。長男の澄男が亡くなった命日で、お坊主さんに来ていただくのです」

お母さんの言葉で、御萩餅のいわれが理解できた。

慌て者の僕は、その時、心に誓った。

「僕は澄男兄さんの生まれ変わりなのだ。二人分の親孝行をしなければダメだ！」

三節　辰雄叔父さんの教え

亡くなった父・正敏の弟・辰雄叔父さんの想い出がたくさんある。
辰雄さんはいつも、チビの僕を散歩に連れて行ってくれる優しいお兄さんだった。
ある日、座敷の棚に辰雄叔父の「日記」があったのを見つけて読んだ。
「明日は、全校生徒の前で号令をかけねばならない」と書いていた。
叔父さんは、小倉中学校の生徒代表・優等生だったのだ。
小倉中学校は、現在の小倉高校である。
僕が小学校三年生になって、帰宅した日のことである。
辰雄叔父さんから「もう、読めるだろう！」と言われて、一冊の本を渡された。
その本は、『吾輩は猫である』だった。

8歳の僕にも、面白くてたまらなく、すらすらと読めた。猫から馬鹿にされる御主人の苦沙弥先生である。その猫もお正月の餅を喉にひっかけ苦しんだ。子供たちが集まって「猫が踊っているよ」と言って騒いだ。面白い話が次々と出てきた。

漱石の『文学論』に、事実とフィクションの組み合わせが述べられている。夏目金之助は松山中学校で英語の先生だったのに、小説の『坊っちゃん』では数学の教師となり暴れまくっている。

この『人生はドラマだ』は、フィクションではない。私自身の実際の体験記録、失敗・反省の物語である。

辰雄叔父さんは良い成績なのに、大学に進学できなかった。兄・正敏が結核で死去したからである。

小倉中学校を卒業して、戸畑市にあった日立製作所の幼年工訓練校の教師になった。その給料で、本が買えるようになったのである。

『吾輩は猫である』を読んだ後、吉川英治の『宮本武蔵』、『三国志』を続けて読んだ。僕が小説大好きになったのは、辰雄叔父のお蔭である。叔父さんの書棚には、『モンゴル語文法』の本もあった。

「若者は、モンゴルや満州に行け」と叫ばれていた。そういう時代だった。石井本家の長男は軍医として出征し、〈ノモンハン事件〉で戦死している。その後は次男の方が、小倉市到津町で病院を経営しておられた。

僕が四年生の時、辰雄叔父さんも30歳くらいの若さで、結核で亡くなられた。

「葬式の日には、工場で教えていた幼年工たちが多数参列された」と祖母が語っていた。

四節　真珠湾攻撃で開戦

小学校三年生の12月、〈日本軍の真珠湾攻撃でアメリカとの戦争が始まった〉という校長先生の校内放送があった。僕たち小学生は、廊下に座って聴いていた。
小倉兵器工場の工員が大勢、我家に下宿していた。
毎晩、下宿人たちが集まる宴会が始まった。旨そうにビールを飲んでいる。
「僕にも飲ませてよ！」、コップにビールを注いでもらった。
「僕はこんな苦いもの嫌だよ！」
毎晩、続いた宴会だったが、下宿人は一人もいなくなった。
若者が戦地へ出征したのだった。
１９４１年12月の真珠湾攻撃で、アメリカとの戦争が始まった。
〈無知で、慌て者〉の僕は、全ての事がバラバラで戦争の事など何も分からなかった。

下宿屋を人に貸して、母・フジ子は故郷、福岡県京都郡諫山村岩熊に転居した。母の旧姓は品川家である。
母・フジ子の姉が、品川家から藤本家に嫁いでいた。

藤本家には、その年から六年間、御世話になっている。
藤本家の長男藤本一夫さんは、僕の従兄弟で、二年上の六年生だった。
一夫さんから、田圃のあぜ道に植える豆まきの方法を教えてもらった。
〈一、棒で穴を掘る。二、種の大豆を2個入れる。三、その上に土をかぶせる〉
藤本の伯父さんから「味噌汁に入れるシジミ貝を取ってこい！」と命じられた。
藤本家の横に流れている溝の中から、シジミ貝が簡単にたくさん取れた。
藤本家の風呂は、足の下に板を踏んで入る〈五右衛門風呂〉だった。
品川家のお祖父ちゃんに手伝って、丘の上に芋畑作りの開墾も経験した。
お祖父ちゃんは荒れ地の開墾で、太い木の根を掘り返す力持ちだった。
「若い頃は、村の相撲大会でいつも優勝する力持ちだった」と言っていた。
小学校の名前も、「国民学校」という名前に変わった。
ヒトラー・ドイツの「フォルクス・シューレ」の模倣である。

学校の名前まで、三国同盟だったのか？

清水小学校三年生の僕は、諫山国民学校の四年生となった。

女学校出の若い吉井先生に「窓という漢字は、ウ・ハ・ム・心です」と教えられた。五年生の時の村上先生は黒板に〈騒〉の漢字を書いて、「蚤が食いついたので、馬が騒ぎだした」と言って、みんなを笑わせた。

「難しい物は、分解すれば分かりやすくなる」の原理は、すべてに活用できる。

戦時中で、運動場の隅に〝奉安殿〟があった。

卒業式の時、校長先生が白い手袋で「教育勅語」を読み上げられた。

六年生の級長だった僕は、式場で御礼の言葉を述べて諫山国民学校を卒業した。

第二章　中高校生の頃の夢物語

一節　豊津中学校に入学

六年生担任の村上先生が、家庭訪問に来られて進学の相談をされていた。

「そうですね。二、三年我慢すれば、何とかなるでしょう」

この母・フジ子の言葉で、僕は豊津中学校（現在の育徳館高校）に入学できた。

入学試験は鉄棒で懸垂が何回できるかで、僕は15回で合格したことを覚えている。

豊津中学校の〈四角帽子〉は買えず、僕は母の手作りの〈丸帽子〉をかぶっていた。

母は近くの製材所で働く安月給の女工さんだった。

裏山の畑で野菜も作った。僕も肥桶を運んで手伝った。

豊津中学校一年生の時、国語の授業でクラス全員が俳句を作った。

「楽しかり　我が丹精の　大根掘り」

僕の俳句が畑先生に褒められたのは、戦時中の食糧不足の時代だったからだろう。

1945年4月に豊津中学校に入学し、中学校の体育の時間は手榴弾投げ・匍匐前進などの軍事訓練だった。8月に終戦で学校の様子も大きく変わった。

1945年8月15日、天皇の〝玉音放送〟である。

諌山村の者が皆、ラジオの周りに集まり、「日本が負けた」と泣いていた。

外へ飛び出した僕は、何かホッとした気分だった。

師範学校生に「福沢諭吉『学問のすすめ』が教科書だよ」と見せてもらった。

豊津中学校の授業も変わった。漢文時代から英語時代へと大きく転換した。本屋で英語の教科書を買った。教科書といっても、それは新聞用の紙に印刷したもので製本もされていない。

書店の御主人の説明があった。

「この新聞紙を貼り合わせて、自分で英語の教科書を作りなさい」

自作「英語教科書」とラジオの「カムカム・エブリバディ」で、英語の勉強である。

中学校での英語のテストは「アルファベットの大文字・小文字を書け」で、正確に書けて１００点だった。〈早とちり〉の僕は、「英語は得意科目だ」と思っていた。

１９４５年６月の新聞には「広島にアメリカの〝新型爆弾〟が落とされ

た」と書かれていた。

長崎も原子爆弾でなく「〃新型爆弾〃で大きな被害が出た」という報道記事だった。

２０２４年、日本の被団協がノーベル平和賞を受賞した。

現代は世界各地で戦争が続いている。核戦争は、絶対に許せない。


中学時代の三年間、私は朝5時に起きて、家から12キロ先の豊津中学校まで往復していた。

一年生一学期の後、国民学校六年の担任だった村上先生の家に立ち寄った。

「石井、成績は何番だ？」と問われて、「50番です」と答えた。

「全校、２００人の中で20番以内でないとダメだ！」と叱られた。

〈慌て者〉の私は意を決した。

「よし、成績を上げるなら20番は面倒だ。１番だ！」

しかし、頑張ったが一番にはなれなかった。

１９４５年４月に豊津中学校に入学し、その年の８月15日に終戦である。三年間が過ぎて、僕は豊津中学校を三年で卒業した。

諌山村から南小倉駅近くの家に戻って、母・フジ子が下宿屋を再開した。下宿人はまだ数人だけで、母はやり繰りが大変だった。

二節　品川悟伯父の〈小倉カメラ店〉

１９４８年４月から私の高校生時代だが、母の兄・品川悟伯父の世話になった。

当時の小倉市は戦後まもなくで、闇市があった。今の井筒屋あたりである。品川悟伯父の〈小倉カメラ店〉は今のクエスト書店の近くの馬借町で、客も多くとても繁盛していた。

私がアメリカ兵に高校の英語教科書を頼むと、「憲兵でないと、英語の本は読めない」と言っていた。これには驚いた。

朝鮮戦争（１９５０〜53年）の時代、戦死者が福岡県小倉市城野基地に運ばれていた時、私は大学生でアルバイトの仕事があった。①戦死した兵士の死体の処理1、000円、②箱入りの缶詰の処理は200円である。

この話は、松本清張の『黒地の絵』に描かれている。大学生の私のアルバイトは、②の缶詰処理だった。私が4×6×3＝72と数え、「72個ある」と答えた。監督のアメリカ兵は「自分で数えていない」と言って、私を叱った。縦・横・高さで計算すれば簡単に数量は分かるのに、米兵は計算もできなかった。

伯父・品川悟さんは小倉高校入学の私を自宅に引き取り、従姉妹・弟たちと仲良く同居生活となった。楽しい毎日だった。

当時、写真機は珍しく、小倉市にカメラ店は2軒しかなく、大いに繁盛していた。

品川悟伯父は小倉高校の授業料を全て払い、私に毎月５００円の小遣いまで下さった。

毎月５００円の小遣いで、毎週のように映画館に通っていた。

「お殿様でも家来でも、風呂に入るときゃ、みんな裸」という映画（「東京五人男」）の中での歌が、面白いのでよく覚えている。

実力テストがあったが、小倉高校一年生の生徒３００人の中で、私は８番になっていた。

中学校一年生の時、村上先生に「成績を上げよ」と叱られた事がようやく達せられた。

その頃の小倉高校は福嶋一雄投手が有名で、二年連続甲子園で優勝していた。

私はデブで走るのは苦手だった。いつもビリで、球技も苦手だった。

豊津中学校の生徒だった時、戦地から復員した先輩に、〈平泳ぎ〉の泳ぎ方を教えてもらった。繰り返し練習して、私も早く泳げるようになっていた。

小倉高校三年の体育の授業で、〈水泳のテスト〉があった。

私は平泳ぎで泳いだが、25メートルをトップで一着だった。

ゴールに着いて後ろを見ると、あとの生徒はクロールでモタモタしていた。

体育は苦手だったが、水泳だけは得意だった。

三節　英語の学力はビリ寸前

高校一年の英語で、私は欠点スレスレの評価だった。

教科書は英語の原書、Nathaniel Hawthorne の "The Vision of the Fountain" である。「英和辞典」を引いても文章の意味が解らなかった。

〈早とちり〉の私は中学生の頃「英語は得意科目だ！」と思っていたのに、ビリ寸前だった。

先輩に相談した。

「僕たちは小倉中学校の時から英文法を習っている。豊津中学校では教わってないのか。英文法が分からないからだ。僕は何冊も持っているから、一冊あげるよ」

小倉高校で一級上の野田勝治先輩が、自宅二階の書棚を見せて下さった。参考書が沢山並んでいて、英文法の本も数冊あった。

一番薄い『簡約英文法』を頂いた。

一回読んでよく分からない。二度目でもまだダメだ。夏休みの間に、三回繰り返して読んだ。

格言に「読書百遍、意味が自然にあらわる」がある。

『簡約英文法』という薄い本だから、丁寧に三回読むことができた。すると、英文の児童小説『小公子』(Little Lord Fauntleroy)が、スラスラと読める力が付いた。

英語の評価も、クラスで一番になった。

野田勝治先輩は、かけ替えのない大恩人である。

私は研究社が１８９８年創刊した英米文学研究者向けの月刊誌『英語青年』誌の愛読者となっていた。

英作文にBeetle（甲虫）の名で投稿し、全国で2位になった。誰にも言わなかったが、内心の誇りだった。

高校二年生になって、私は母に頼んで竪林町の下宿屋に帰ることにした。

朝刊と夕刊の新聞配達のアルバイトを始めた。

高校の二年・三年の二年間、新聞配達で走ったので足腰は丈夫になった。

小倉カメラ店の食事も御馳走だったが、母・フジ子の食事は美味この上なしだった。

四節　就職できず大学進学

我家は母が一人で頑張っている。大学進学でなく、就職希望だった。

戸畑の〈敷島紡績〉の受験成績は、私が60点、二位の者は20点だったので就職できるはずだった。ところが、1月になっても合格通知がこない。

担任の長野先生に、〈敷島紡績〉に問い合わせていただいた。

「君は病気だから、採用しない」が、先方の返事だった。

小倉市到津町にあった石井本家の内科医院で、レントゲン検査をしてもらった。

「どこも悪いところはない。父親が亡くなったから不採用なのだ。大学に行きなさい。応援するよ」と言って下さった。

帰宅して、母・フジ子に相談した。

「アルバイトをして大学に行きたいのですが」

「どこの大学なの?」

「世界を見て回れるから、静岡県の商船大学だけど」

「ダメ、船は沈むから、止めなさい!」

「では、外国語大学だ。卒業後、海外特派員となれば外国に行ける」

「外国語大学は何処にあるの?」

「東京外大と大阪外大だよ」

「遠いからダメ。近くの大学にしなさい」

「では、福岡市の九州大学にしよう」

母との会話で、志望校が決まった。

〈進学適性検査〉はクラスで一番だったが、就職予定で受験準備はしていない。大学受験は3月の初めなので、一か月後である。

親友の竹安清君に相談した。

「〈幾何〉は点が取れない。この『解析Ⅰ』で受験準備すれば良い！」

竹安君に借りた『解析Ⅰ』の参考書を3回読むことにした。

お蔭で数学は、満点が取れる実力がついた。

英語・国語・世界史・生物は得意科目だったので準備はできた。

その当時は、「朝日新聞」に大学合格者全員の名前が出ていた。

近所の人が、「2番で合格しているよ。名前が出ていたよ」と言っていた。

実は、アイウエオ順の合格者発表だった。

私の名前は「イシイ」だから上から二番目だったのだ。成績順ではない。親友竹安君のお蔭で合格できたのである。彼も、私の人生の大恩人である。

第三章　大学生時代の夢物語

一節　学問には語学力が必要だ！

１９５１年４月、九州大学学長式辞のオリエンテーションがあった。

「学問するには、英語だけではダメだ。ドイツ語やフランス語も必要だ」

友人たちは、皆、第一外語英語、第二外語にドイツ語かフランス語だった。

私は〈慌て者〉で、〈欲張り〉であった。

「第一外語フランス語、第二外国語ドイツ語、第三外国語英語」に決めた。

「フランス語・ドイツ語は、授業に出て勉強する。英語は、試験で点を取る」

教養課程の二年間は、フランス語とドイツ語に集中した。おまけにロシア語文法も勉強した。「ボリショイ　スパシーボ」（大変、有難う）くらいは分かる。

大学生時代の春休み・夏休みは、アルバイトである。それぞれ一か月は働ける。

これも親友の宮崎宙君のお世話になった。私の友人宮崎宙君は京都大学経済学部に合格していたが、彼の父親は小倉土木事務所の所長さんである。

幾つも世話していただき、東洋陶器・紫川の測量・電話局の図面トレス・道路の舗装工事など、いろいろ経験できた。

高校同級生の宮崎宙君も、私の大恩人である。

二節　教育学部に進む

二年間の教養課程が終わり、これから専門課程である。

平塚益徳教育学部長のオリエンテーションがあった。文学部から分かれて、教育学部が独立して新設されたのである。

「ドイツに西南学派がある。九州大学教育学部は日本教育学の西南学派である」という話だった。

〈慌て者〉の私はこの瞬間に、文学部から教育学部に志望を変更した。教育学部は、教育原理と教育心理の二つに分かれていた。私は教育原理（教育哲学）の学生となった。

久留米分校での教養課程二年間が終わり、次は福岡市箱崎の専門課程二年間が始まった。

福岡市に来て驚いた事がある。夜食に町に繰り出し饂飩を食べていた。饂飩一杯の値段が違っていた。

「久留米で7円だったのに、博多は10円だ！」、驚いたことをよく覚えている。博多の町は賑やかで、活気があった。

大学正門前の大きな古書店で“Immanuel Kant“Kritik der reinen Vernunft”（純

粋理性批判）を見つけて７００円で買った。

町に繰り出せば。映画館もあるし、学生時代の楽しい思い出がたくさんある。

箱崎本校での平塚益徳学部長の教育学部最初の授業をよく覚えている。黒板に「Seinから、Sollenへ」と、ドイツ語を太く描いて説明された。ドイツ語は勉強していたので、すぐ理解できた。

〈Seinはザインと読み、現在の意味である。Sollenはゾルレンと読み、未来の意味である〉

「〈現在の自分〉から、どのようにして〈未来の自分〉を築き上げるのか。いつも、そのように考えて進んでほしい」

平塚益徳教授のこの授業が、私の人生についての最高の指針となっている。専門課程「教育原理」を学んだ私だが、卒業論文では〈失敗〉している。

私は卒業論文に、「教育は原理が大切だ。アメリカの経験主義教育は誤りだ」と書いて、合格だと思っていた。

ところが、卒論審査で平塚教授に手ひどく批判された。

「君の論文はダメだ！　デモクラシーの始まりはギリシャのアテネである。デモ、つまり民衆による、クラシイー統治である。それも分からずに経験主義批判は、成り立たない！」

私の卒論は経験主義の根源的な意義も理解しない、勉強不足〈慌て者〉の失敗作であったが、平塚教授の温情で卒業させていただいたのである。

私は学資もないので大学院のコースへは進めず、就職希望であった。

後に私が小学校教師の時、平塚教授が戸畑市に道徳教育の講演に来られた。その講演後、講師控室で、平塚教授から「大学院卒でなくても、小、中、高、大学と、進む道もあるよ」と助言された。

平塚益徳教授からの御助言は、後に実現されている。

平塚益徳（１９０７～１９８１）教授は１９６４年に、国際連合のユネスコの日本代表として活躍され、パリで開催されたユネスコの会議の会場におられた。

この年に〈日本最高の偉人は紫式部だ〉として顕彰された有名な話がある。

第四章　小中学校教師時代の夢物語

一節　小学校の臨時教師

〈小倉カメラ店〉の品川悟伯父から、竪林町の自宅に電話があった。
「教育委員のお客さんからの話、履歴書を書いて戸畑市役所に持って行きなさい」
その結果、私は戸畑市立の三六小学校の臨時教師に採用された。
小学校教師は無免許なので、給料の安い臨時教員であった。
教師になって三年目に、私は作文教育の研究発表者を命じられた。
学校図書館の国語教育の専門書を調べると、「作文は、平板羅列文はダメである」と書かれていた。

私は「平板羅列文は、小学生でも克服できる」という作文教育を発表した。

クラスの三年生に、運動会の感想文を書かせた。

どの子の感想文も「ただ楽しかった」だけの平板羅列文であった。

昨日の「四年生の綱引きを、皆で、赤勝て、白勝てと応援した」を示した。

「自分の書いた感想文と、どちらが面白いですか？」

「綱引きの応援の方が面白いです」

「何故、面白いの？」

「一つだけくわしく書いた感想文だからです」

「では、運動会で自分が一番楽しかったこと一つだけ書いてごらん！」

その結果、クラスの40人、どの子も見事な個性的な感想文を書いた。

〈小学生でも平板羅列文は克服できる〉という作文指導を発表した。

『光村国語』教科書の編集者、劇作家の栗原一登（栗原小巻の父親）さんから「この作文指導の発表は、演劇指導と同じだね」という評価を頂いた。

私の実践報告は、小倉師範学校発行の『玄海』誌にも掲載された。

二節 〈早とちり〉の社会科教師

1960年、27歳になった私は、市立天籟中学校の社会科教師になった。免許のある正式の中学校教師であるが、無経験・実力無しであった。中学校の社会科は、一年で地理、二年で歴史、三年で公民である。当時、受験塾はなくて、高校受験の準備を中学校で放課後実施していた。小学校教師から中学校教師となって、急に一度に、地理・歴史・公民である。

教える内容は初めてのものばかりである。

面食らった私は「どうすればこの苦境を乗り越えられるか」と考えた。

「そうだ。教科書を読ませればよい。生徒が読めない所を教えればよい」名案を思い付いたと思っていた。

数日間は順調に進行し、生徒たちと教科書を読んでいるうちに、私にも内容が分かってきた。

ところが、ある日、「桂離宮」が読めない生徒がいた。

教師の私は〈ケイリキュウ〉と教えた。

すると、一人の生徒が「違います。先生、それは〈カツラリキュウ〉と読むのです」

と、教えてくれた。

これはまた、〈早とちり〉の私であった。

この時、私に教えてくれた生徒は、後に朝日新聞社の記者になった倉成篤君である。

私は28歳で、26歳の長谷尾敏子と結婚した。

妻敏子には、毎日の生活や子育て、世間の付き合いなど、あらゆる事で助けられている。人生の大恩人である。

現在、私は92歳で、妻の敏子は90歳である。

三節　太宰府市で開かれた研究会

１９６４年32歳の時、福岡県の太宰府市で開かれた社会科教師の研究会に参加した。

そこで菊川春暁氏（当時、浮羽高校教師）から「〈歴史教育者協議会〉という研究会がある。なかなかよい。私も昨年の夏、京都で研究会があったので参加した。討議も熱心で、参加者みんな真剣だった」という話があり、私たちは入会した。

私は友人の桜河内正明さん（若松区の小学校教師）が、作文教育の全国大会に参加しておられたことを見習うことにした。

１９６４年8月、〈歴史教育者協議会〉の第16回全国大会が群馬県で開催されることを知って、私は伊香保温泉での研究会に参加した。

前の年に、天籟中学校で私は「ルネサンスの授業」を発表した。

戸畑高校教師の大塚保先生に「ルネサンスは前期イタリア、後期イギリスだが、それは教えないのか？」と質問され、私は世界史に無知であることを知らされた。

当時、私の頭の中は、14世紀イタリアに起こったルネサンスしかなかった。ルネサンスは16世紀までに全欧州に展開した学問上・芸術上の革新運動であるという認識はなかった。

後期ルネサンスの代表者は、イギリスのシェークスピアであった。

私の頭の中は、個々バラバラの事実が、無関係に存在するだけであった。物事の本質は全く捉えられていなかった私は、ほとんど完全に無知だった。

その事が、群馬県伊香保温泉での歴史教育者協議会で、私が〈世界史分科会〉に参加した目的だった。

四節　「サンドイッチよ、さようなら」

私が参加した群馬県の世界史分科会では、どの参加者も「サンドイッチよ、さようなら」と発言していた。参加者の中で、知らない者は私だけだった。

司会者に質問すると、司会の小沢圭介氏が「本人が、隣の日本史分科会にいるから呼びます」と言って、御本人の加藤文三氏が来られた。

私は十数項目の質問をし、答えてもらった。

加藤文三氏は「今の質問で《世界史独立論》に関する論点のすべてが尽くされています」と言って、ていねいに説明された。

「中学校の教科書は、世界史と日本史がサンドイッチになっている。例えば、幕藩政治が行き詰まると、途端に世界史のペリー来航、するとまた日本の明治時代史となる。これでは歴史の流れが分からない。だから、結論として、中学生に先ず世界史を教え、次に日本史の流れを教える。これが〈サンドイッチよ、さようなら〉の意義・目的である」という説明であった。

加藤氏のネーミングが面白い。このネーミングに加藤氏の才能を感じた。

私が「納得できました」と発言すると、「では、来年の大会で君がこの分科会の発表者だ」という破目になった。

〈早とちり〉の私は、またしても〈軽はずみ〉であった。

世界史など全く無知な私が、次年度の青森県大会の発表者に指名されたのである。

戸畑市立天籟中学校の図書館の本で、毎日、世界史の文献を勉強した。〈サンドイッチよ、さようなら〉である。一学期に世界史、その後、二・三学期に日本史を教える。初めての経験であった。

地理上の発見、フランス革命、産業革命など幾つものエピソードが集まって、世界史の大きな流れが形成されることが理解できるようになった。日本の歴史も、その大きな世界史の流れと緊密に結びついているのである。「サンドイッチよ、さようなら」は、歴史を正しく捉える重要な視点だと思った。

実際に現場で手探りしながら実践して、とても勉強になった。聞くだけでなく、実際に体験することが重要であると思っている。

頭で理解する事と、実際に行動して理解する事には、大きな隔たりがあるのではなかろうか。

相撲でも、野球でも、囲碁・将棋でも原理は同じだと思う。理屈を聞いて分かったと思っても、やってみると失敗する。しかし反省し努力すれば成功する。これが私の『人生はドラマだ』の一つの結論である。

五節　「朝鮮語」の勉強と翻訳

翌年、歴史教育者協議会の全国大会は青森県の浅虫温泉で開催された。世界史の分科会で「世界史を教えてみて分かったのは、私は欧米中心主義で東洋史は弱いという事だった」と発表した。

大会の最終日は総括会議である。様々な学問的な研究テーマが、会場の正面にズラリと掲げられた。

私は立ち上がって意見を述べた。

「どのテーマも学問的である。現場の教師に即したテーマにしてほしい」

すると、「今の九州の発言は反対だ。私は東京の中学校の教師だが、朝鮮語を勉強し翻訳もしている。本部提案のテーマが正しい！」と、痛烈に反論された。

私の発言を手ひどく批判したのは、奈良和夫氏だった。

批判された私は〈ヤル気満々〉に変身した。しかし、具体的にどのようにすればできるのか、全く分かってなかった。

九州に帰って、早速、大学書林の『日朝小辞典』と『基礎朝鮮語』を購入し、一週間で読み上げた。ここまでは、それほど難しい事ではなかった。

日本語と朝鮮語はウラル・アルタイ語で、語順が同じだった。

「生徒が運動場で野球をしている」は、朝鮮語でも名詞の読みが違うだけで、

「センドガ　ウンドンジャンエソ　ヤグルル　ハヨッタ」である。

しかし、その後はまだどうすればよいのか。まったく分からなかった。

南小倉駅近くの古書店で、『世界歴史』という朝鮮語の本を見つけた。古書なので価格は２００円だった。全く偶然であったが、チャンスである。

〈チャンスの女神には前髪しかない〉、此のチャンスを成功させるには、前

髪を握って離さないことである。

『日朝小辞典』で調べて、『世界歴史』は朝鮮語で〈セギエ・ヨクサ〉と発音することは分かったが、ハングル文字の文章は全く読めない。

頁をめくると、「１４９２、船、一人の男が立っている」という挿絵があった。

「この男はコロンブスだ。ハングル文字で書かれた学校の世界史の教科書なのだ」

次は、どうして読むかである。

デカルト『方法序説』の方法に従って、読むことにした。

先ず、分かりやすい個所から読まねばならない。

朝鮮から見た『世界歴史』である。〈日本史〉の部分があるはずだ。

そこだけを抜き読みして読むことにした。

「縄文時代から弥生時代、米作が北九州から東へと広がっていった。法隆寺も朝鮮の技術者が作った」など、日本の歴史が書かれていた。

〈日本史〉だけの抜き読みは、10月15日から一か月間で完全に読了した。すると、欧米など〈世界史全体の文章〉もスラスラと読めるようになった。続いて朝鮮の学者の歴史論文を読むことにした。朝鮮総連の戸畑事務所を訪問し、朝鮮の学者の論文を借用し翻訳した。『歴史教育入門』（あゆみ出版、１９７９年）に、①「邪馬台国の位置とその三韓・三国の関係」林宗相、②「船山古墳の刀剣の銘文について」金錫亨、この二つの論文を石井郁男訳として発表している。

以後、私の欧米中心主義世界観は、大きく変わった。植民地の独立運動も含めた全体としての世界史の流れが分かるようになった。

歴史教育者協議会の全国会議は、まさに「井の中の蛙大海を知らず」の私が「大海の広さ」を痛感させられた〈ドラマ〉であった。

平野邦雄教授（１９２３～２０１４）が九州工業大学の日本史教授だった時、私は平野教授室を訪問し、教えをうけていた。平野邦雄教授は『日本古代人名辞典』の編集者であった。

「本居宣長の『初山踏《ういやまぶみ》』これが、東京帝大史学科の最初の教科書だった」と教えられた。

『初山踏』は岩波文庫本で、手軽に買えた。本文は60頁くらいの分量である。

「志を高くし、やり抜くまでやる事だ。方法はどうでもよい」と述べている。

本居宣長（1730〜1801）が30年以上かけて『古事記傳』（1798年脱稿）をあらわした経験を基にした見解が述べられていた。

第五章　本来の仕事は教師である

一節　『中学生の勉強法』を出版

１９６３年２月10日、北九州の五市合併が実施された。

40歳の中原中学校教師の私は生徒に「信長などを教えてもらいたい」と言われ、江戸時代の人物伝記15冊を読んだ。

以後、「大切なのは人間だ！」と考えるようになった。

50歳の私は北九市戸畑区大谷中学校教師で、三学年の学年主任・卓球部顧問だった。生徒や父母から高校進学など、多数の質問・意見が寄せられていた。

私は、「何とかしたい」と動き始めた。私のやるべき、最重要な仕事であった。

料理名人の諺がある。〈材料七分に腕三分〉である。

〈材料七分〉は、高校進学などに関する質問・意見である。24項目に整理できた。

これを『わが子は中学生』誌（あゆみ出版）に二年間連載した。

それが『中学生の勉強法』（1986〜87年、あゆみ出版）〈正〉12項目、〈続〉の12項目となって出版された。

〈材料七分〉は、たくさん集める事である。古書店で勉強に関する本を手あたり次第買い集め、図書館の本も活用した。材料の読み込みに、毎月70％の時間、25日を当てた。

資料の読み込みは、自分でも心から納得するまで必死の思いで努力した。

理科の勉強法で何かよい実例はないかと考えていた私は、「大切なのは人間だ！」の原則で、中学校図書館で探していた。

オランダのレーウェンフックが１６７３年からイギリスの王立協会へ送り続けた報告書の一部が見つかった。彼の単眼顕微鏡の図もあった。

「この水滴の中の小動物たちの動きは、とても早く、そして実に変化にとんでいる。上に向かうもの、下へ向かうもの、そしてぐるぐる回るもの、じっと見ていると、まるでお伽の国を訪れているような気がする」という報告書だった。

〈腕三分〉の基本は実例主義である。毎月、五日間で一年生、二年生、三年生の順序で文章を書いた。毎月、挿絵もいれ、親子ともに分かるように考え、工夫した。

〈関連する文献を70％の時間で読み、文章表現は30％という方式〉で、寸暇を惜しみ苦心惨憺した結果が、『中学生の勉強法』で、ベストセラーとなったのである。

この二年間は、文字通り〈エジソン的な生活〉だった。

現在も『中学生の勉強法』は子どもの未来社から、ロングセラーとして出版されている。

二節　台湾で翻訳『高中聯考必勝讀書法』

台湾でも中国語に翻訳され、『高中聯考必読讀書法』（世茂出版、１９９５年）が版を重ねていた。

60歳の私と妻・敏子が台湾を訪問した時、台北の旅館で、世茂出版代表の簡泰雄さんにお会いした。

簡泰雄が「孫文の三民主義」の歌を歌うと、妻の敏子が中国語で一緒に歌い始めた。

終戦の年、小学校の日本人教師はクビになり、中国人の校長になったという。

授業も変わり、長谷尾敏子は「孫文の三民主義」の歌を習っていたのである。

当時、台湾淡水の電信局長・長谷尾達夫の娘であった敏子は、小学校の四年生であった。日本が戦争に負けて、学校の先生も日本人の校長はクビになり、中国人の先生になり、「孫文の三民主義」の歌を習ったのだった。

簡泰雄さんに、翻訳を始めた理由を質問した。

「日本留学していた中国人の大学教授が、『中学生の勉強法』の翻訳を勧めて下さった」からだと説明された。

『高中聯考必勝讀書法』には、私が描いたイラストも多数掲載されていた。

「ガリレオ観察の木星の衛星」は、中国語で〈伽利略観察天空〉という中国語に翻訳されていた。

『高中聯考必勝讀書法』には、〈古代ギリシャの哲学者タレス〉が、「古代希臘的数學者兼天文學家・哲學家的泰利斯（紀元前６２４～５４６年頃）として翻訳され、タレスがピラミッドの高度をどのようにして測定したかを図版入りで翻訳していた。

〈測量金字塔的高度〉と、タレスの説明を、中国語で喋らせていた。

「根拠比例可算出、金字塔的高度」は、地上に一本の棒を立て、「その影が同じ時に、ピラミッド（金字塔）の影の高さが、ピラミッドの影の長さだ」とタレスが語ったという逸話を紹介している。

『中学生の勉強法』では原敬（１８５６～１９２１）の「10年間、日記を書き続ける人は、何かを為す人」であったが、中国語の翻訳では曾有一位名人説過「你如果可以持續地寫三年日記・必定可成為成功之人」、さらに曾子説「吾日三省吾身」を紹介している。

『中学生の勉強法』は、ほとんど忠実に中国語に翻訳され、中国の故事来歴も数か所引用されていた。

三節　岡垣町に新築

『日本沈没』の作家小松左京は、「小説を書く時、百科事典を6～7種類参考にする。これで作品の材料の6割は満たされる」と言っている。

この意見に従って私も、書店・古書店をめぐり百科事典などやその他大量の参考文献を買い集めた。

歴史教育者協議会の全国研究会が熊本市で開催されていた時、かねてより探していた英語の百科事典『アメリカーナ』が熊本市の古書店で見つかった。重いので箱詰めにして戸畑の自宅に送ることにした。

「お父さんから果物を送ってきたよ」と言って、娘の玲子が箱を開けて驚き、がっかりしたそうだ。

私が数年かけて購入した『百科事典』が、和文で10種類、英文でも10種類ある。その他、東京都中野区の古書店で見つけ6万円で購入した『鷗外全集』（全38巻）もある。

『中学生の勉強法』の準備に大量の参考文献が集まり、アパートの自宅には収納できなくなった。

国語・英語・数学・歴史・地理・理科など無数の参考文献が必要だった。至る所で、まず訪れるのは古書店であった。１００円本、２００円本、５００円本～数万円の『百科事典』、『文学全集』などまで買い集めた。

私はその後も、〈材料七分、腕三分〉の諺に従っていた。約2万冊の文献が集まっている。「自宅の書庫には収納できない」という悲劇となった。

高校生時代からの友人である竹安清君が住宅斡旋業をしていたので、移転先を探してもらった。小倉区、八幡区の家を多数探したが、どの家も「大量の本では、床が抜ける」という理由でダメだった。

この時、私を襲った悲劇を救ってくれたのは、竹安清君であった。最終的に彼が、福岡県遠賀郡岡垣町の土地を探してくれた。

こうして、大量の図書を収納できる家を、福岡県遠賀郡岡垣町に新築することになった。

四節　「5本書けます」と返事

私が55歳の頃、戸畑土取町の住宅に突然電話が掛かってきた。

「『ストップモーション方式による一時間の授業技術シリーズ』の原稿を1本書いてもらえませんか。書き手が見つからず困っている」という日本書籍出版部の瀬谷正行氏からの電話だった。

〈慌て者〉の私は、「5本書けます」と返事をした。困っているなら、応援すべきだと思い、何とかなるだろうと予想した。

「人間にも万有引力が作用し、一人だと怠ける。サークルで発表となれば勉強しなければならなくなる」

歴史教育協議会、戸畑サークルの仲間に助けられ、5本の授業のレポートを完成することができた。

『ストップモーション方式による一時間の授業技術中学社会・歴史』(日本書籍、1989年)には、私の約束した「5本書けます」の結果が収められている。

①弥生人の足跡(前野勉)、②筑前守山上憶良(石井郁男)、③勘合貿易と足利義満(平尾和子)、④農民の生活をたかめた宮崎安貞(田中力)、⑤官営八幡製鉄所(山田孝二)、この5本の実践報告が私の約束した「5本書けます」の結果であった。

その後さらに、瀬谷正行氏から依頼され、59歳の私は『ストップ方式による教材研究の一単元の授業中学社会・地理』（2001年、日本書籍）地理担当編集者となった。

歴史担当は安井俊夫（愛知大学教授）、公民担当は川島孝郎（広島工業大学附属中学校教諭）であった。

編集者となり、私は「ソ連はなぜ崩壊したのか」「〝巨竜〟中国は今」「都道府県さがし」などを執筆・編集した。

『一単元の授業』は、中・高校教師向けの参考書・書籍である。全国の大学図書館にも購入されている。

西南学院大学勤務の友人から、講師依頼の電話があった。

「学生に授業法の講義をして欲しい。大学図書館に君の書いた『一単元の授業』がある。高校の講師資格を取る為に必要な講義なのだ」

『一単元の授業』などが機縁となって、西南学院大学、九州国際大学、福岡県立大学などの講師をすることになったのである。

大学の〝時間講師〟となった私は、各方面の偉人たちを調べて教材を作った。

モンテスキューの『法の精神』、アダム・スミスの『国富論』、ダーウィンの『種の起原』、ファーブルの『昆虫記』、その他人物の伝記を学生たちに教えた。

「大切なのは人間だ！」が大原則である。毎時間、教室に人物伝の資料を作成・配布して、授業を行った。

五節　哲学者の人生を語る

2002（平成14）年に、小倉の健和看護学院から哲学講師を委嘱された。

「哲学の講義で、学生が眠らないようにお願いします」

「では、哲学の講義でなく、哲学者の人間を語りましょう」と応じた。

「人間は人間に興味を持つ。学生は哲学者の人間性に興味を持つ」である。

先ず、一年間、ナイチンゲールから始め、ギリシアの哲学者、ドイツの哲学者などを紹介する授業を行った。

その内容を、医学書院「看護教育」誌に連載することになった。その結果が、『Q＆A 哲学の歴史』（弦書房、２００７年）、に結実、改題してその後、『はじめての哲学』（あすなろ書房、２０１６年）となり、『カントの生涯』（水曜社、２０１９年）に引き継がれている。

〝偉大な思想家〟カントが、決定的に重要である。

私は妻と一緒にツアー旅行で世界各地を巡っている。オーストリアのザルツブルク市の書店で、カント著『啓蒙とは何か』などレクラム文庫本を買った。学生時代にドイツ語は勉強していたので読める。“GROSSE DENKER”（偉大な思想家）を買って読んだ。１８０人の哲学者が紹介されていた。

カントの説明は6頁、その次はデカルト5頁、その他の思想家は4、3、2、1頁であった。カントが世界最高の哲学者であることが、この頁数で示されていた。

カントは大学の講義で、世界各地の事をその場で見ていたかのように語っている。

学生にも、「哲学の勉強は旅行記を読め」と勧めていた。

カントは例えれば富士山の偉大さで、その裾野は世界各地の人々の暮らしである。

またカントは現在太陽系の起源に関する「カント・ラプラス星雲説」と呼ばれている「太陽系生成説」を唱えている。

カントの視野は無限に広い、宇宙の果てから地上の諸国民の生活まで及んでいる。

カントが世界最高の哲学者だと称される所以である。

カントの認識論は端的で明快である。『英語辞典』コンサイス・オクスフォード辞典に、〈That can be perceived by senses or intellect.〉と記されている。

訳せば、「我々が認識するのは①感覚、でなければ②知力である」となる。

第六章　鷗外の研究に突進した

一節　突然「鷗外を語れ！」

１９８１年4月、私が49歳の時である。小倉郷土会の最高権威の米津三郎さんから、突然「鷗外を語れ！」と命じられた。

鷗外について無知な私に、突然「鷗外を語れ！」である。

〈慌て者〉の私は、引き受けた以上は、成功させねばならない。

「啐啄《そったく》の機」である。

「啐」は、何かをやりたいと思っていた私である。

「啄」は、小倉郷土会の米津三郎氏である。

調べる時間は、二か月しかない。私は夢中になって、走り出した。書店・古書店を巡って、関連文献を買い集めた。毎週、日曜日は図書館で『鷗外全集』などを読み始めた。闇の中が、少しずつ見え始めた。

５Ｗ１Ｈで考えた。

「何時、日清戦争後。何処、小倉。彼、森鷗外。何を、『戦争論』。どのように、なぜ翻訳したのか？」これで、テーマが決まった。

結論は「鷗外の小倉赴任は左遷人事ではない。クラウゼヴィッツ著『戦争論』翻訳の為の、陸軍総司令部の重要人事であった」である。

これは、〈慌て者〉の私が到達した一つの結論であった。

この結論は、今でも正しいと思っている。

世間は「鷗外は小倉に左遷された」と思っているが、そうではない。日露戦争で日本がロシアに勝てたのは、クラウゼヴィッツの『戦争論』を活用したからである。

日露戦争で、１９０５年３月、日本陸軍は奉天会戦でクラウゼヴィッツ著

『戦争論』を適用し、勝利した。クロパトキン軍は北方へ総退却した。

その二か月後、5月、日本海軍がロシアのバルチック艦隊を撃破し日露戦争は日本の勝利となり、9月、ポーツマス講和条約となった。

二節　「田村怡与造と鷗外」

長谷川泉（1918～2004）は学生時代に東大新聞の編集長だったが、1979年に医学書院の社長となり、その後、鷗外記念会の理事長に就任している。

長谷川泉理事長から、新しいテーマ「田村怡与造と鷗外」を与えられた。

中学校教師の〈慌て者〉の私は、また走り出した。

山梨県立図書館で田村怡与造のことを調べることにした。

「田村怡与造将軍に関する資料はありませんか？」と尋ねた。

「近くに田村家があります」と言って、連絡して下さった。

田村家の御主人田村弘正氏に面会し、『故参謀次長　田村将軍』（川流堂、明治42年刊行）という重要文献を頂くことができた。

そのお蔭で「田村怡与造と鷗外」の論文を書き上げることができた。

この論文は『森鷗外の断層撮影像』（至文堂、１９８４年）に掲載された。

これも〈慌て者〉の私の、一つの成り行きであった。

三節　「鷗外を語る会」の開催

１９６３（昭和38）年2月10日、北九州市が成立した。

私は鷗外記念会理事会の「鷗外を語る会」の担当理事となった。

「鷗外を語る会」は、小倉鍛冶町鷗外旧居で年間10回、実施されている。

講師は、鷗外文学の愛好者である。それぞれ工夫して鷗外を語り、参加者の質疑応答で会を盛り上げている。

小林安司教授（１９１０～２００２）は、「小倉日記」の研究者として全国的に有名な学者である。小林教授の「小倉日記」解説は、数年間継続された。

その後を受け継いで、鷗外研究を継続しなければならない。毎年10回の回数である。大学教師でない我々が継続させねばならない。

『北九州森鷗外記念会だより』（第1号～第60号）にその記録がある。

1994（平成6）年11月、私は理事になって以後、「鷗外を語る会」の継続の必要を考えてきた。

『北九州森鷗外記念だより』第33号、平成7年8月1日にその記録がある。以後、毎年継続されたが、一人が年に2回でなければ継続されない厳しさであった。

森鷗外文学の専門家でない我々も文学愛好者として、感想発表はできる。有名な作品、『阿部一族』『山椒大夫』『高瀬舟』の読後感でもよい。発表方法は、紙芝居や、詩の朗読もあった。

現在まで、〈継続は力なり〉で20年以上続いている。

私は90歳になって、「鷗外を語る会」担当理事を、寺岡賢治理事に交替していただいた。

鷗外の旧居が現存しているのは、北九州市小倉鍛冶町だけである。

北九州森鷗外記念会の「鷗外を語る会」が活躍する意義は、きわめて重要である。

終章　千変万化の夢物語

一節　囲碁の趣味

私には、囲碁の趣味がある。

中学一年の時、おじさんたちが囲碁をしているのを横で見ていた。〈領土を取り合い、広い方が勝つ〉というゲームだと分かった。

私が大学二年生の時、学生寮に囲碁クラブがあったので、ある日打たせてもらった。

私の並べた石は、みな殺されて全滅だった。「何級くらいですか？」「君の棋力は14級だね」と宣告された。

アマチュアの棋力は級から段へと進む。初歩では数字が多い方が下手である。

少し分かると有段者になり、こちらは上達に従って数字が多くなる。

教師となって友人と囲碁の手合わせをし、定石の本なども読み始めた。

現在の私の第一の趣味は、囲碁である。

２０２４年３月、福岡県退職教職員協会から連絡があった。

私は春の囲碁大会にアマチュア三段の資格で、大会に参加した。

有段者クラスで三局の対局で、三連敗であった。

20年間以上、鷗外の勉強が忙しくて囲碁の勉強はお座なりであった。

〈慌て者〉の私の大失敗であったが、反省し、囲碁勉強を再開した。

家の書庫には、大量の囲碁名局集がある。

棋力を上げるのに最良の方法は、囲碁名局を碁盤に並べることである。

『囲碁』雑誌にあった藤沢秀行九段の名言を思い出した。

「名局を並べよ！　並べる時間が早くなれば、棋力は向上する」である。

次は秋の囲碁大会である。江戸時代の名局、近現代の名局の勉強を再開した。

春の大会で全敗した私は、秋の囲碁大会では有段者クラスで三局打って、三連勝で優勝した。参加者の中で、92歳の私は最年長者であった。

〈失敗しても、反省すれば成功できる〉である。

囲碁は私の趣味である。人間にはそれぞれ音楽・絵画・読書・遊戯などの趣味がある。その根底には、共通する哲学もあるのではないだろうか。

二節　変幻自在の夢物語

『人生はドラマだ』、幼少年時代から学生時代、教師時代、さらにその後も、私の生き方に姿を変えて現れて出てくる。まさに千変万化・変幻自在である。うっかりはしたくないが、それは今の私にもしばしば姿を現す。

92歳になった私であるが、まだ〈慌て者〉が続いている。

２０２４年の11月12日、買物を手に持ってバス停へ急いでいた私は、砂利道に足を取られ横転した。起き上がろうとしたが、また転んだ。顔面の右から血が出てきた。周囲の方が救急車を呼び、私は遠賀中間医師会おんが病院に運ばれた。病院の医師・看護師の皆さんのお蔭で、一週間ほどで完治した。

私の母・フジ子が亡くなったのは１０２歳であった。あと十年すれば、私は母と同じ年齢になる。そこでこの世とお別れかも知れない。

〈慌て者・早とちり〉の私は、何とかならないものだろうか。気を付けているつもりだが、しばしば姿を現してくる。

あらゆることに好奇心があり、冒険する事もしばしばである。走り出し、その都度、失敗し反省するというのが、私の個性である。千変万化の夢物語はまだ続いている。

私個人は社会全体から見れば目にも止まらない小者に過ぎないが、それでも動いていることは確かである。これからも、様々なことに挑戦していきたいと思っている。

これまでの私の生きざまに、多くの声を掛け、助けていただいた皆様に心から感謝し、お礼を申し上げます。

ここで、私の拙い『人生はドラマだ』の夢物語の幕を閉じることにする。

皆様の厳しい御批判・御意見をお願い致します。

最後になりましたが、本書の出版のため多大の配慮を頂いた水曜社仙道弘生様に心より感謝を申し上げます。

石井 郁男（いしい・いくお）

1932年北九州市小倉生まれ。豊津中学校、小倉高等学校、九州大学教育学部卒業。小・中・高校の教師として40年間勤務。西南学院大学・九州国際大学・福岡県立大学・健和看護学院などの講師を務める。現在は北九州森鷗外記念会理事。『中学生の勉強法』『森鷗外小倉左遷の謎』『はじめての哲学』『カントの生涯』『消された名参謀：田村将軍の真実』『森林太郎から文豪・鷗外へ』など著書多数。語学・囲碁の勉強が趣味。

人生はドラマだ

発行日　2025年4月20日　初版第一刷発行

著　者　石井 郁男
発行人　仙道 弘生
発行所　株式会社 水曜社
〒160-0022 東京都新宿区新宿1-31-7
TEL.03-3351-8768　FAX.03-5362-7279
URL suiyosha.hondana.jp
装　幀　小田純子
印　刷　錦明印刷株式会社

ISBN 978-4-88065-583-3　C0195